CATALOGUE

DES

OBJETS D'ART ET D'AMEUBLEMENT

Mobilier Artistique

MEUBLES JAPONAIS ET DE L'ORIENT

OBJETS DE LA CHINE ET DU JAPON

IMPORTANTS IVOIRES ANCIENS JAPONAIS

TABLEAUX ET PANNEAUX EN BRODERIES JAPONAISES

Porcelaines, Faïences, Étoffes brodées

JADES, AGATES, LAQUES, OBJETS D'ÉTAGÈRE

ARMES ORIENTALES ET JAPONAISES

enrichies de pierreries

JOLI COLLIER EN OPALES

BELLE ORFÈVRERIE

Française et étrangère

BOITES, BONBONNIÈRES, MINIATURES

TABLEAUX, DESSINS, AQUARELLES, GRAVURES

Très beaux tapis, Rideaux et Tentures

Le tout garnissant l'Hôtel de Madame B···

DONT LA VENTE AURA LIEU

HOTEL DROUOT, SALLE N° 2

Les Lundi 18, Mardi 19 et Mercredi 20 Novembre 1901

A 2 HEURES 1/4

Me TILORIER	M. GUÉRIN
COMMISSAIRE-PRISEUR	EXPERT
9, Boul. des Italiens	11, Boulevard de Clichy

EXPOSITION PUBLIQUE

LE DIMANCHE 17 NOVEMBRE 1901

DE 2 A 6 HEURES

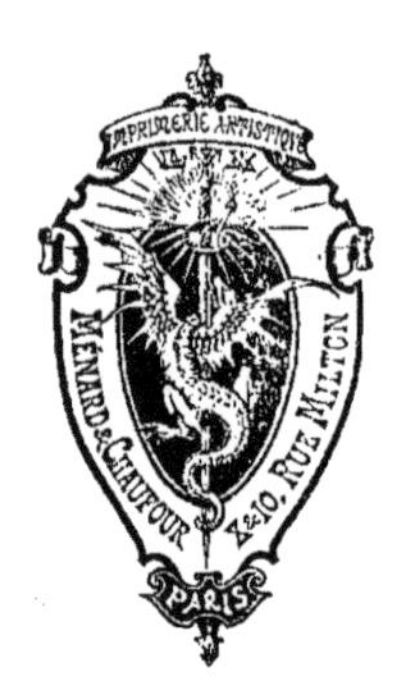

VENTE

des Lundi 18, Mardi 19 et Mercredi 20 Novembre 1901

HOTEL DROUOT, SALLE N° 8

OBJETS D'ART ET D'AMEUBLEMENT

Garnissant l'Hôtel de Madame B···

MOBILIER ARTISTIQUE

MEUBLES JAPONAIS ET DE L'ORIENT

OBJETS DE LA CHINE ET DU JAPON

Porcelaines, Faïences, Étoffes, Jades, Cloisonnés

IMPORTANTS IVOIRES ANCIENS JAPONAIS

ARMES ORIENTALES ET JAPONAISES

enrichies de pierreries

JOLI COLLIER EN OPALE

BELLE ORFÈVRERIE

Française et étrangère

Tapis — Rideaux — Tentures

TABLEAUX — DESSINS — MINIATURES

Mᵉ TILORIER	**M. GUÉRIN**
COMMISSAIRE-PRISEUR	EXPERT
9, Boul. des Italiens	11, Boulevard de Clichy

EXPOSITION PUBLIQUE

Le Dimanche 17 Novembre 1901

ORDRE DES VACATIONS

Lundi 18. — Porcelaines, Faïences, Cloisonnés, Ivoires, Laques, Jades, Panneaux brodés, Opales, Cristaux, Armes, Bronzes.

Mardi 19. — Orfèvrerie, Eventails, Miniatures, Tableaux.

Mercredi 20. — Meubles, Etoffes anciennes, Tapis, Tentures, Coussins, Objets divers.

CONDITIONS DE LA VENTE

La vente aura lieu au comptant.

Les acquéreurs paieront *dix pour cent* en sus des adjudications.

L'exposition permettant au public de se rendre compte de l'état des objets, il ne sera admis aucune réclamation une fois l'adjudication prononcée.

DÉSIGNATION

MEUBLES JAPONAIS, TONKINOIS ET DE L'INDE

1 — Cabinet japonais en bois noir avec console richement sculptée ornée d'incrustations, de personnages en ivoire sur fond laqué d'or.

2 — Très belle vitrine à consoles, style japonais. Travail de chez VIARDO.

3 — Grand paravent à deux feuilles richement laqué or, décor de fleurs, ton aventuriné, entourage laqué noir, incrusté de branches et fleurs de péché en nacre, dans le bas du paravent sur un fond de laqué noir formant encadrement incrusté de fleurs en nacre un paysage, à droite un fleuve où coulent des eaux phosphorescentes, à gauche un personnage avec chaumière entourée de grands arbres; dans la perspective se détachent des mon-

tagnes sur un ciel de laqu.. fond noir, motif
sculpté dans le panneau et rehaussé de peinture
laquée, l'envers du paravent est fond laqué noir.

4 — Petit écran japonais, monture laque noir,
application vieil argent, très jolie broberie représentant le Fusi-Yama, sur l'autre côté une peinture à l'aquarelle représente une chute avec des
rochers, plus loin des arbustes avec fleurs se
détachent sur le fond d'un ciel gris.

5 — Ecran, travail tonkinois, monture sculptée
en bois de fer avec incrustation de nacre, très
fines broderies sur fond gris représentant des
oiseaux de diverses couleurs.

6 -- Ecran en broberie de fleurs blanches de gly-
cine sur fond satin noir, monture en bois natu-
rel sculpté, sur le revers un paysage peint à l'aquarelle.

7 — Table à pans coupés, bois sculpté et ajouré,
plateau argent repoussé, représentant des divini-
tés hindoues, le milieu du plateau est gravé de
sujets à personnages. Travail de l'Inde.

8 — Table à pans coupés, bois sculpté et ajouré,
plateau en cuivre repoussé, représentant une
scène de la vie indienne. Travail de l'Inde.

9 — Table en bois de fer sculpté, dessus en marbre.

10 — Tabouret arabe en bois de couleur incrusté de nacre.

11 — Tabouret oriental recouvert d'un tapis fond vieil or, enrichi de broderies en or.

12 — Siège indien rond, dossier en peau d'âne, bois incrusté de métal et filets en cuivre.

13 — Siège indien, dossier et siège en peau d'âne orné de filets cuivre ajouré, bois incrusté de métal.

14 Socle sur pied en bois noir sculpté.

15 — Socle chinois en bois noir sculpté, dessus en marbre blanc.

16 — Chaise de piano chinoise, bois noir sculpté, siège en soie, fond rouge broderie à la main.

MEUBLES ET OBJETS DIVERS

17 — Quatre fauteuils fond crème.

18 — Un canapé, deux fauteuils.

19 — Une chaise longue et deux fauteuils en soie fond vieux rose à fleurs.

20 — Casier à musique tournant, pied en cuivre.

21 — Coffre-fort à secret de PETIT JEAN.

22 — Bibliothèque tournante.

23 — Bureau Louis XVI à cylindre, en acajou incrusté et vernis Martin.

24 — Écran brodé sur fond blanc avec armoiries brodées en or au centre.

25 — Paravent Louis XV laqué et doré, deux feuilles avec glaces.

26 — Paravent en velours vert avec broderie doublée soie vieux rose quatre feuilles.

27 — Salon Louis XV bois sculpté laqué et doré, composé de un canapé, deux fauteuils, deux chaises dorées fond en soie vieux rose à fleurs.

28 — Tabouret Louis XV bois sculpté et doré avec soie vieux rose à fleurs.

29 — Piano de PLEYEL.

3o — Table-bureau avec incrustations en cuivre.

31 — Table toilette, dessus glace.

32 — Toilette en pitchpin avec dessus marbre blanc.

33 — Petite table Louis XV en acajou avec bronzes et dessus en marbre.

34 — Table Louis XV en acajou avec bronzes et dessus en marbre.

35 — Table Louis XV en bois laqué blanc et or, dessus en marbre.

36 — Petite table Louis XVI avec bronze, dessus en marbre.

37 — Table à ouvrage Louis XV en acajou mar queté et bronzes.

38 — Table en bois peint moderne style, dessus en faïence.

39 — Toilette en noyer avec dessus en marbre.

40 — Table toilette avec dessus glace.

41 — Vitrine à verres en noyer, trois étagères.

42 — Vitrine à ombrelles en bambou.

43 — Deux grandes glaces avec bordure en velours vert.

44 — Deux armoires en bois blanc à linge.

45 — Chambre à coucher se composant de cinq pièces en bois, de Naples Voudt. Travail américain.

46 — Deux chaises en bambou. Travail américain.

47 — Casier à musique tournant, pied en cuivre.

OBJETS DIVERS

48 — Coffret à bijoux en bronze.

49 — Livre de prières, ancien, avec inscription du coran sur feuilles de palmiers. — Travail persan.

50 — Très joli coffret, forme cabinet, en fer incrusté d'or et d'argent, monture à charnières, vieil argent; sur les pourtours médaillons et décors de paysages et rivière où navigue une multitude de voiles; sur le couvercle, en incrustation d'or, des oiseaux du Paradis. Travail très remarquable par sa finesse pièce signée.

51 — Table à réchaud pied en fer forgé avec bouillotte et plateau en cuivre rouge.

52 — Boîte à bijoux et à jeu en palissandre.

53 — Timbre en bronze fantaisie.

54 — Balance de précision.

55 — Album et boîte en écaille monture à charnières.

57 — Console Louis XVI bois sculpté et doré.

58 — Deux cornets en bambou sculpté.

59 — Samovar en cuivre.

60 — Lampe en cuivre rouge ; pied en fer forgé.

61 — Lot de bibelots albâtre.

62 — Groupe en marbre tendre de Carrare, représentant l'enlèvement des Sabines, colonne avec socle en marbre blanc.

ÉVENTAILS

63 — Deux éventails anciens encadrés dans leurs écrans

64 — Eventail japonais, décoré de personnages peints à la gouacne.

65 — Un lot éventails divers.

BRONZES

66 — Cendrier en bronze sur pied en marbre représentant un dauphin portant une coquille fermée.

67 — Buste en bronze signé Bouret réprésentant Manon.

68 — Sujet en bronze peint représentant chevaux et cavaliers romains.

69 — Jardinière milieu de table en cuivre rouge ornée de bronzes.

70 — Chandeliers en bronze Louis XV.

71 — Coupe gravée et estampée en bronze argenté.

72 — Deux sujets en bronze peint formant pendant Carmen et Escamillo.

73 — Timbre en bronze fantaisie.

74 — Perroquet bronze argent.

75 — Deux chenêts Louis XIII bronze doré.

76 — Deux flambeaux Louis XVI.

PORCELAINES DE LA CHINE ET DU JAPON

77 — Vase ancien de Chine forme bouteille à réserve, blanc sur fond noir, socle en bois noir. Epoque Kin-Long.

78 — Vase de Chine, ancien craquelé noir fond blanc, décor d'animaux, fond bleu avec médaillons de personnages représentant des coutumes chinoises.

79 — Vase ancien de Chine à large col, vert camélia, craquelé noir.

80 — Vase ancien de la Chine fond fouetté bleu uni forme bouteille.

81 — Petit vase en porcelaine du Japon avec décor de paysages et personnages.

82 — Vase en porcelaine blanche de Perse, décor à relief.

83 — Tasse en faïence ancienne de Satzuma, fond crème craquelé rehaussé d'or, le portour est décoré d'un paysage avec une haie en bambou, des arbustes se détachent sur le fond avec leurs feuilles de fleurs, bord filet or.

84 — Deux bols en faïence ancienne de Satzuma fond crème craquelé rehaussé d'or, le pourtour décoré d'un paysage avec haie en bambou, bouquet d'arbustes avec feuilles et fleurs rehaussé d'or, dans le ciel voltigent des oiseaux.

85 — Pot à thé en faïence ancienne de Satzuma, fond crème petite craquelure très riche, lambrequin rehaussé d'or; le pourtour est décoré d'un paysage où voltigent des hérons et divers oiseaux.

86 — Boîte en faïence ancienne de Satzuma forme fruit, fond crème craquelé décoré de branches avec fleurs, sur le couvercle en relief une branche avec un insecte.

87 — Brûle-parfum à anses en ancienne faïence de

Satzuma, fond crème orné de éécors polychromes
rehaussé d'or.

88 — Brûle-parfum en porcelaine, couvercle ajouré.

89 — Pot à thé en ancienne porcelaine de Chine,
fond bleu et blanc décoré de médaillons avec personnages, très beau socle en bois sculpté. Epoque
Ming.

90 — Pot à thé de Chine avec couvercle décoré de
mosaïques et fleurs de pêches rouges.

91 — Pot à thé ancien de Chine fond bleu et blanc
fouetté, à réserve de fleurs blanches de péché.

92 — Deux bols en ancienne porcelaine de Chine,
très belle porcelaine fond blanc décorée d'arbustes
et fleurs bleues.

93 — Bol en ancienne porcelaine de Chine fond
blanc orné de fleurs. Fracturé.

94 — Petit vase ancien de Chine forme bouteille,
fond noir et moucheté décoré du dragon impérial
en vert.

95 — Vase ancien de Chine craquelé, fond crème
orné de de décor bleu.

96 — Encrier en porcelaine flammée sang de bœuf.

97 — Deux petites assiettes riche décor de la suite
de Saïzuma.

98 — Assiette en porcelaine de Chine fond blanc, décoré d'un arbre où se tient un petit cerf, dans le ciel voltige un héron.

99 — Plat en faïence de Chine, fond blanc. Famille verte.

100 — Deux assiettes en faïence ancienne de Chine, fond blanc décoré de personnages et animaux, Compagnie des Indes.

101 — Très jolies assiettes en porcelaine de Chine, demie-coquille d'œuf ornées de très beaux émaux de la famille, rose, décor de personnages sur fond vert rubis.

102 — Deux assiettes en faïence ancienne de Chine, fond blanc décoré d'animaux. Fracturé.

PORCELAINES ET FAIENCES DIVERSES

103 — Un grand vase en faïence, décor en relief.

104 — Une terre cuite. Portrait de Galli-Marié dans Carmen.

105 — Boîte forme ovale style Louis XV, fermeture en bronze, sur le pourtour décoré de médaillons paysages rocaille rehaussée en or, la plaque du couvercle représente un sujet de l'École française, porcelaine de Sèvres.

106 — Deux petites tasses avec soucoupes, décorées
de personnages, porcelaine de Saxe.

107 — Quatre tasses en porcelaine de Vienne décorées de médaillons en miniatures, fond rubis

rehaussé d'or, anses dorées.

108 — Deux sujets, statuettes en biscuit.

109 — Trois tasses en porcelaine décorées de motifs
en or.

110 — Deux tasses avec soucoupes en porcelaine décorée de médaillons fond bleu et or, anses dorées.

111 — Deux tasses avec soucoupes en porcelaine du
Japon, décorées d'un paysage avec rivière; dans
le ciel voltigent des oiseaux.

112 — Tasse en porcelaine du Japon décorée à la
main avec application de filets en or.

113 — Bougeoir en porcelaine de Saxe représentant
une bouquetière.

114 — Lot de porcelaines de Saxe à petits person
nages.

115 — Plat ovale fond blanc à rebord bleu décoré de
de lys or, décoré d'un motif funéraire représentant la famille de Louis XVI.

116 — Grande potiche en porcelaine de Chine.

ÉMAUX CLOISONNÉS

117 — Grande jardinière en cloisonné, fond polychrome décoré de lobes à fond bleu, sur le pourtour en bas décoré d'un fleuve, sur l'eau des feuilles et fleurs de Lotus, au-dessus dans un ciel gris voltigent des hérons et des chauves-souris.

118 — Deux jardinières en cloisonné à large col sur fond bleu turquoise, décoré de motifs en réserve. sur le pourtour fond bleu des arbustes avec des fleurs et des oiseaux.

119 — Deux vases en cloisonné de forme turbinée à fond aventuriné, décorés de médaillons en émaux de différentes couleurs représentant le dragon impérial, des arbustes sur lesquels voltigent des papillons et des oiseaux.

120 — Vase en cloisonné a large col fond aventuriné décoré de lobes en émaux et d'oiseaux médaillon fond rose et bleu avec décor de fleurs et d'oiseaux.

121 — Deux vases en cloisonné à large col à fond bleu décoré de lobes à réserve de fleurs.

122 — Deux vases en cloisonné fond aventuriné et bleu décoré d'émaux à réserve de fleurs et papillons.

123 — Vase en cloisonné décoré sur fond rose à réserve de lobes et de papillons.

124 — Deux plats en cloisonné fond bleu marly découpés et ornés de fleurs de chrysanthèmes.

125 — Petit pot en cloisonné à anses en bronze, fond noir incrusté d'argent décoré de fleurs, intérieur en bronze doré, couvercle en bronze doré.

126 — Grues en cloisonné, font bleu, les couleurs des ailes se dégradent en rouge et bleu tendre.

IVOIRES JAPONAIS

127 — Très beau groupe en ivoire japonais représentant une jeune fille tenant un jeune enfant, deux autres enfants lui offrent des fleurs. Travail très fin et belle draperie; ivoire signé et provenant de la collection de Sa-Sum.

Haut. : 0^m3o.

128 — Très important groupe en ivoire japonais représentant une femme du peuple tenant dans ses bras un enfant, deux autres enfants se tiennent à ses côtés; draperie très finement sculptée et gravée; ivoire signé et provenant de la collection de Sa-Sum.

Haut. : 0^m37.

129 — Important groupe en ivoire japonais sculpté et finement gravé représentant une femme de

qualité tenant un enfant entre ses bras; à ses pieds une jeune fille accroupie offre des fruits et des fleurs qu'elle prend à ses côtés dans une corbeille, très riche costume; ivoire signé et provenant de la collection de Sa-Sum.

Haut. : 0^m41.

129 bis — Dent en ivoire sculpté. Travail africain.

LAQUES DU JAPON

130 — Boîte à gants très riche, fond aventurine or décoré en léger relief de petits carrés en forme de nattes et fleurs incrustées de nacre, boîte ancienne.

131 — Petite boîte à médecine en laque d'or décorée en reliefs d'arbustes en laque d'or ; l'intérieur aventuriné d'or.

132 — Très jolie boîte forme d'œuf, séparée par le milieu, intérieur aventuriné or; la poignée forme un nœud décoré en relief de motifs.

133 — Petit plateau à rebord, fond à rehaut aventuriné or décoré d'un éventail avec fleurs.

MATIÈRE DURE. JADES

134 — Très beau vase en jade blanc en forme de balustre plat, garni d'anses forme tête d'éléphant

où sont engagés des anneaux ronds, les faces
sont ornées de motifs richement sculptés et fouil-
lés. Pièce rare. Socle en bois de fer sculpté. Epoque Kin-Long.

135 — Coupe en jade blanc représentant une feuille
de lotus ornée de branches et fleurs sculptées en
relief; socle en bois sculpté.

136 — Coupe en jade blanc et veiné de couleur à
anses sculptées représentant des têtes de dragons,
sur le pourtour motif sculpté en relief d'une
grande finesse.

137 — Coupe à sacrifices en jade blanc ajouré et
richement sculpté en relief de feuilles et fleurs
de lotus ; socle en bois sculpté.

138 — Coupe à sacrifices en corne de rhinocéros
et ajouré de branches et fleurs de lotus; pied en
bois sculpté.

139 — Coffret sur pied en jade veiné de blanc
laiteux, monture en filigrane d'argent doré enrichi de turquoises.

140 — Coffret en agate herborisée, monture en
bronze doré.

141 — Petite coupe en Jade blanc, sculpté et gravé
de motifs en relief.

142 — Très belle statuette en Jade blanc, représentant une jeune chinoise. Sculpture d'une grande finesse.

143 — Petit bol en jade blanc de Perse, monture vieil argent ornée de turquoises.

144 — Flacon à tabac, de Chine, en jade marbré et enrubané; médaillon de personnage gravé en relief.

145 — Petit cerf couché, en agate rouge amalgamé d'agate blanc, de couleur très intense. Pied en ivoire sculpté.

146 — Collier en jade blanc taillé.

147 — Collier en cornaline taillé.

148 — Petit vase forme panier tressé en corne de rhinocéros. Pied en bois noir.

OPALES

149 — Tête de Minerve en opale sculptée et gravée.

150 — Troiss morceaux d'opale brute, presse-papier.

151 — Un collier enchassé de diamants et d'olvines. Monture en platine et or avec opale formant cœur.

PANNEAUX JAPONAIS

152 — Grand panneau en velours de soie épinglé,
sur fond gris, au milieu de troncs d'arbres,
coule un torrent, sur les branches plus haut, se
tient un aigle effrayé du bruit de l'eau, le fond
des feuilles et des arbres sont de velours noir,
dans la perspective sur un ciel gris se détache
une montagne, effet saisissant de couleur. Pièce
très curieuse et rare.

153 — Superbe grand panneau en velours de soie
épinglé, représentant sur un fond crème un torrent; dans une multitude d'arbres en broussailles
des singes prennent leurs ébats. Pièce très curieuse et rare.

154 — Deux panneaux japonais peints sur soie, à
l'aquarelle, sur fond gris fer, représentant quel-
ques branches avec fleurs de pommier sur les-
quelles des oiseaux se reposent.

155 — Panneau en velours de soie épinglé; au premier plan se détache un moulin, sur la droite des
arbres; au loin la route; dans la perspective sur
un fond noir, l'on perçoit dans le ciel gris la
montagne. Pièce très remarquable.

156 — Petit panneau velours soie épinglé, vue du
Fusi-Yama, au premier plan un pont ; au fond

les habitations se détachent sur un jardin d'une luxuriante nature ; au loin des arbres s'estompent sur un ciel gris.

157 — Petit panneau japonais en velours de soie épinglé. Entrée d'un temple, bordure en soie.

158 — Petit panneau japonais en velours de soie épinglé, vue du Fusi-Yama ; bordure en soie.

159 — Panneau bordé sur fond de velours crème avec bordure de ceinture japonaise ancienne.

160 — Quatre panneaux en velours de soie épinglé, représentant des paysages et le Fusi-Yama.

161 — Très joli petit panneau sur fond vieil or ; broderie en or ornée du dragon.

162 — Petit panneau, crêpe du japon, fond bleu clair orné de broderies en or.

163 — Tableau en velours de soie épinglé et rehaussé de couleurs représentant un sous-bois avec des cerfs ; très beau cadre laqué.

164 — Grand panneau japonais en longueur, au premier plan une chute d'eau, au milieu d'un ravin , dans la perspective un paysage et des montagnes se détachent sur un ciel gris noir, très belle broderie.

CRISTAUX

165 — Service en cristal taillé de Venise à réserve de motifs gravée en dentelle avee frise d'or, rebord et filet rehaussé d'or.

166 Trois petits vases à fleurs en cristal décoré d'une branche avec fleurs gravé à la roue, petite frise en or, monture en argent doré.

167 — Cave à liqueurs, bois des Iles, monture et fermeture en nikel, flacons en cristal taillé.

168 — Saladier en cristal taillé.

169 — Brûle-parfum en cristal, gravé de branches d'arbre, rehaussé d'or motif en médaillon de paysage, monture argent doré.

170 — Petit vase à fleurs, gravé à la roue, décoré en or, monture en argent doré.

171 — Réveil en cristal forme de boule, entourage en imitation de pierres précieuses.

172 — Un lot de vases, tasses et divers.

ARMES ORIENTALES

173 — Très beau sabre oriental, à lame recourbée de damas recouvert d'inscriptions, damasquinée en or, sujet tiré des versets du Coran, fourreau velours vert, poignée et monture en argent doré enrichies de cabochons, grenats, émeraudes et turquoises.

174 — Poignard, travail espagnol. Lame à deux tranchants gravée et damasquinée en or de médaillons, poignée en fer noirci gravé, doré et damasquiné d'or, fourreau ciselé et damasquiné ; médaillon représentant deux têtes de Minerve.

175 — Sabre d'artillerie Espagnol. Lame en acier polie, gravée et damasquinée en or, poignée en fer noirci gravé de motif et médaillons en or ; fourreau en fer noirci gravé de plusieurs têtes de guerrier.

176 — Stylet oriental, fourreau argent, poignée en ivoire incrusté d'argent et d'or, cabochons damasquiné.

177 — Sabre japonais, fourreau laqué sur fond aventurine d'or, manche galuchat.

178 — Arme orientale, langue de bœuf, monture filigrane d'argent enrichie de turquoises ; fourreau en bois.

178 *bis* — Deux couteaux malais; fourreaux ciselés en argent.

179 — Grand sabre persan à lame recourbée; manche argent. Très belle collection de gardes de sabre japonais ciselées et damasquinées d'or. Un lot d'armes et d'instruments divers.

ÉTOFFES ANCIENNES

180 — Robe chinoise, ancienne, fond bleu, riche broderie.

181 — Robe chinoise ancienne, fond marron clair, ornée de riche broderie.

182 — Robe ancienne Mandchoue, fond bleu orné du dragon impérial, très riche broderie de couleurs fondues.

183 — Très belle robe chinoise ancienne avec applications tissées sur fond crème, pièce très rare.

184 — Très belle robe ancienne de mandarin, fond orange, ornée du dragon impérial.

185 — Très riche manteau en velours, fond pourpre, enrichi d'applications et de broderies en or. Ce manteau ayant appartenu au bey de Tunis.

186 — Boléro turc, fond de velours noir, broderie en argent.

187 — Trois macarons chinois anciens, broderie en point de chaînette.

188 — Très riche tapis de table en velours, recouvert d'applications et de broderies en argent.

189 — Tapis japonais, fond bleu, broderie or, oiseaux et paysage.

190 — Très riche tapis de mosquée en soie havane, très beau dessin.

191 — Grand tapis de table en laine, broderie au point de chaînette, travail oriental.

192 — Très beau tapis de table fond crème, broderie en or, travail oriental.

193 — Dessus de piano en foulard vert et broderie, travail indien.

194 — Châles en soie brodé, fond crème, travail de Canton.

195 — Deux Châles de l'Inde.

196 — Grande portière japonaise fond bleu marine, large broderie au passé représentant un paysage, pièce rare.

197 — Deux portières sur fond satin bleu turquoise, très riche broderie de Canton.

198 — Rideau sur fond chaudron, très belle broderie d'or, travail oriental.

199 — Portière satin fond bleu très riche, broderie en or et argent, travail oriental.

200 — Portière fond cerisier, broderie de Canton.

201 — Rideau fond bleu pâle, broderie d'or, travail oriental.

RIDEAUX ET TENTURES DIVERS

202 — Quatre rideaux avec garniture imitation d'étoffe ancienne.

203 — Six portières, ciel de lit et ornement de glace en soie, fond vieux rose et fleurs.

204 — Quatre rideaux en crespon avec draperie de velours.

205 — Deux superbes rideaux fond aubergine, riche broderie de Canton.

206 — Deux rideaux en peluche fond bleu pâle.

207 — Huit portières en velours vert, orné d'entre-deux et franges-tapis de table vert.

208 — Deux rideaux satin fond vieil or.

209 — Deux rideaux velours fond vert d'eau.

210 — Six portières avec embrasses et draperie fond vieux rose et fleurs.

211 — Deux rideaux velours fond vieil ivoire brodé.

212 — Deux rideaux fond saumon broderie de Canton.

213 — Deux beaux rideaux fond satin canaris, riche broderie de Canton.

214 — Huit stores en soie rose application écrue.

215 — Deux embrasses brodées fond crème.

216 — Huit lambrequins satin fond crème, brodé.

217 — Lambrequin satin fond cerise, broderie en or.

218 — Lambrequin indien brodé et orné de petites glaces.

COUSSINS ET TAPIS

219 — Trois coussins en velours blanc frappé.

220 — Quatre coussins soie fond rose avec broderie et oiseaux.

221 — Deux coussins brodés en or et argent.

222 — Cinq coussins en soie de différentes couleurs.

223 — Cinq coussins en soies diverses.

224 — Deux coussins fond crème, broderie à la main.

225 — Deux coussins japonais avec broderies.

226 — Cinq coussins japonais divers avec broderies.

227 — Deux coussins ancien fond gris bleu avec broderie en or.

228 — Couverture de voiture en renard argenté, coins garnis de queues de renard.

229 — Carpette en peau de jaguar avec bordure en fourrure noir.

230 — Voile noir, broderie à la main de motifs étoile en fil d'or; bordure brodée en filigrane d'or.

231 — Tapis de l'Inde ancien fond crème.

232 — Trois tapis de l'Inde anciens de différentes couleurs.

233 — Deux carpettes de Smyrne.

234 et 235 — Lots de tapis divers.

ORFÈVRERIE

236 — Deux candélabres bouts de table en argent à deux lumières. Style Louis XV.

237 — Service à café se composant de cinq pièces argent martelé et de six tasses avec soucoupes en porcelaine.

238 — Service à liqueur argent, forme panier, six petits verres argent, porte-carafon avec flacons en cristal.

23g — Brûle-parfum argent décoré de fleurs de chrysanthèmes, cœur des fleurs pointillés en or; dessus ajouré. Travail japonais.

240 — Jardinière argent, modern style, intérieur en cristal taillé, rehaussée d'un filet or.

241 — Petite coupe argent, médaillon estampé. Travail de l'Inde.

242 — Coupe argent estampé représentant une sirène hindoue. Travail de l'Inde.

243 — Service à café et à thé argent estampé et gravé, se composant de cinq pièces. Travail de l'Inde.

244 — Quatre petites salières argent repoussé. Style Louis XV.

245 — Service à café avec plateau, se composant de cinq pièces argent repoussé et gravé.

246 — Saladier argent estampé et gravé de fleurs de chrysanthèmes entrelacés de feuillages ; les cœurs des fleurs sont pointillés en or. Travail japonais.

247 -- Oiseau brûle-parfum argent, yeux rubis.

248 — Corbeille en filigrane d'argent.

249 — Dessous de carafe en argent estampé.

25o — Légumier argent estampé. Style Louis XV.

251 — Saucière argent repoussé. Style Louis XV.

252 — Soupière argent. Style Louis XV.

253 — Cendrier argent repoussé, fond vieilles pièces de monnaie.

254 — Panier argent repoussé.

255 — Quatre compotiers en argent.

256 — Boîte ronde ciselée et gravée argent.

257 — Porte-cigarette argent.

258 — Boîte forme boule argent repoussé.

259 — Vase argent repoussé.

260 — Porte-bouquet à pied en vieil argent.

261 — Réchaud avec pied et lampe en argent, manche ébène.

262 — Broc à champagne en cristal, monture argent.

263 — Saladier en cristal, monture argent.

264 — Saladier en cristal, monture vermeil.

265 — Cuillère à sauce argent.

266 — Sonnette argent manche faïence.

267 — Ciseaux à raisin argent.

268 — Porte-cure-dents argent.

269 — Cocotte en terre monture argent.

270 — Siphon à champagne argent.

271 — Pince à sucre argent. Travail de l'Inde.

272 — Porte-pain grillé argent.

273 — Huilier estampé argent.

274 — Moutardier argent. Style Louis XV.

275 — Poivrier argent. Style Louis XV.

276 — Pince à asperge argent.

277 — Petit plateau argent estampé, gravé et ajouré. Travail de l'Inde.

278 — Porte-soda argent.

279 — Plats ronds en argent ciselé.

280 — Plats ovales en argent ciselé.

281 — Plateau et brosse à pain en argent repoussé.

Style Louis XV.

282 — Garniture panier pour champagne en argent.

283 — Plateau porte-carte argent estampé. Style Louis XV.

284 — Plateau argent. Style Louis XV.

285 — Quatre carafes en cristal, monture argent.

286 — Cuillère à café argent.

287 — Douze fourchettes à huître argent.

288 — Six cuillères à thé argent.

289 — Six couteaux à dessert argent, manche en jade.

290 — Corbeille de table argent repoussé. Style Louis XV.

291 — Boîte à bijoux en argent estampée et gravée.

Sur le pourtour des médaillons représentent des figures de la belle Cendrillon. Monture en argent doré, intérieure tapissé de velour rouge.

292 — Service à toilette se composant d'une cuvette et d'un broc en cristal, monture en argent.

293 — Service à toilette composé de six flacons cristal, montures et couvercles en argent.

294 — Service à toilette comprenant six boîtes de différentes grandeurs en cristal ; monture et couvercles en argent.

MÉTAL ARGENTÉ

295 — Service à café se composant de quatre pièces métal argenté.

296 — Corbeille à pain découpé, métal argenté.

297 — Coupe glace, métal argenté.

298 — Baquet à glace, métal argenté.

299 — Deux corbeilles à fruits, métal argenté.

300 — Deux pelles à pain, métal argenté.

301 — Service à salade métal argenté, manche cristal.

302 — **Louche métal argenté.**

303 — Douze petites cuillères à entremets, métal argenté.

304 — Douze fourchettes à entremets, métal argenté.

305 — Douze grandes fourchettes métal argenté.

306 — Douze grandes cuillères à soupe, métal argenté.

307 — Sept cuillères à thé, métal argenté.

308 — Vingt-quatre couteaux de table, métal argenté.

309 — Douze fourchettes à huîtres, métal argenté.

310 — Douxe petits couteaux, métal argenté.

311 — Douze petites cuillères à café, métal argenté.

312 — Une glace de toilette, métal argenté,

313 — Un porte-menu, métal argenté.

MINIATURES, BONBONNIÈRES

314 — Bonbonnière forme ronde, fond émail bleu,
monture en argent doré et ciselé, pourtour décoré de motifs de fleurs, sur le couvercle une miniature représente Louis XVI.

315 — Bonbonnière forme ronde, fond émail bleu,
monture argent doré et ciselé, pourtour décoré
de motifs de fleurs rehaussés or; sur le couvercle
une miniature représente Marie-Antoinette.

316 — Drageoir en porcelaine, fond vert, monture
à charnières en bronze doré; le pourtour rehaussé de motifs en or; sur le couvercle un
médaillon décoré avec aigle représente une miniature.

317 — Bonbonnière en buis; sur le couvercle médaillon en bronze représentant l'adoption des
enfants du général Foy par les Français.

318 — Boîte ronde ivoire, sur le couvercle un portrait de femme en miniature.

319 — Petite boîte ronde ivoire, sur le couvercle un
portrait de femme en miniature.

320 — Louis XVI distribuant ses aumônes, cadre en
bronze.

Largeur : 0ᵐ24, 0ᵐ16.

321 — Napoléon à la bataille d'Iéna, cadre en bronze.

Largeur : 0^m20, 0^m14.

322 — Entrevue du roi Louis XIV, Philippe V et Marie-Thérèse, cadre en bronze.

323 — Les Soins maternels.

324 — L'Amour endormi surpris par un faune, cadre ivoire sculpté.

325 — Louis XVI et Marie-Antoinette, cadre ivoire.

326 — Deux plateaux encadrés et peints de fleurs et oiseaux. Signé MYRIAN.

327 — Lot de miniatures anciennes et modernes.

328 — L'Education du pinson, par CHAFFANEL..

329 — Jeune femme au repos, par TROUILLEBERT.

330 — Buste d'enfant, par F. FLEURY.

331 — L'Escarpolette, par ROSALBIN.

332 — Illusion, par CHAFFANEL.

333 — Jeunes chats, par Brunel NEUVILLE.

334 — Jeune fille, par F. FLEURY.

335 — Paysage, par ROSALBIN.

336 — L'Apéritif, par F. FLEURY.

337 — Jeune femme nue. Inconnu.

338 — Paysage avec cavalier (attribué à CUYP. Signé à droite).

339 — Italienne assise avec un enfant (attribué à Léopold ROBERT).

340 et 341 — Visite chez Bacchus, par LECŒUR.

342 — Fleurs (attribué à DIAZ).

343 — Portrait d'enfant, école de DROUAIS.

344 — Portrait de femme (attribué à LARGILIÈRE).

345 — Petit tableau marine, broderie japonaise représentant un temple sur le bord d'une rivière.

346 — Tableau en broderie, travail japonais, trois moines donnant une aubade aux Saintes Images, intérieur rustique ; travail remarquable par sa finesse et reproduction d'un tableau italien, cadre laque noir et richement sculpté de fleurs de chrysanthèmes.

AQUARELLES

347 — Fleurs, par LE VILLAIN.

348 — L'Horoscope au harem, par BALLESIO.

349 — Les Nouvelles à l'atelier, par A. DAINI.

350 — Les Amis entêtés, par BERGAMINI.

351 — La Sieste intérieure arabe, par E. GIRARDET.

352 — Ruelle à Naples, par PERNACHINI.

353 — Le Galant volé, par J. MARES.

354 — Le Méchoui au désert, par E. GIRARDET.

355 — Les pigeons par E. NARI.

356 — Campagnes romaines par NARDI.

357 — Portrait de femme signé A. X. : Pastel

358 — Dessin à la mine de plomb en trois couleurs
par MYRBEAU.

359 — Dessin : Cavalier en campagne par E. RIVIÈRE.

360 — Pêcheuse normande à marée basse. Cachet de
la vente Ulysse BUTIN.

361 — Gravure anglaise. Francis RANDON. Elastings.

362 — Deux portraits. Dessin à l'encre de Chine, cadre bois sculpté.

363 — Deux gravures d'après LAVRENCE.

364 — Un lot de gravures et dessins.

www.ingramcontent.com/pod-product-compliance
Ingram Content Group UK Ltd.
Pitfield, Milton Keynes, MK11 3LW, UK
UKHW021318190726
13839UKWH00007B/1975